El cir
en miniatura

Cuento de Aurora Colón García
Ilustraciones de Becky Radtke

Un día, Dora hizo
un circo en miniatura
para un proyecto escolar.
Dora es muy lista.
Lo hizo de materiales
que se encontró en casa.
Usó palillos de dientes, plastilina,
chapas, hilos, palitos y trozos de tela.

Lo último que hizo fue el trapecista.
Lo hizo con palitos
de diferentes tamaños
amarrados con hilos y trozos de tela.

— ¡ Qué hermoso !
— exclamó Abuelita —.
Déjalo en la mesa
para que todos lo vean.

Afuera, Carlos estaba preparando
a Chico para bañarlo.
Y Omar lo estaba ayudando.
Pero Chico se fue corriendo
para la cocina.

—¡Chico, regrésate! —gritó Carlos y
corrió detrás de Chico.

Chico corrió y brincó
arriba de la mesa de la cocina.
¡Y cayó arriba del circo en miniatura!

—¡Oh, no! ¡Qué desastre!
—dijo Carlos.

—¡El circo está todo aplastado!
—dijo Omar.

Carlos quitó a Chico de la mesa.
Omar y Carlos se pusieron
a tratar de arreglar
el circo en miniatura.

— ¿Cómo vamos a arreglar el circo?
— preguntó Omar.

— Los palitos están todos rotos
— dijo Carlos.

— Vamos a buscar palitos
para hacerlo de nuevo
— dijo Omar.

Dora entró y vio lo que quedaba de su circo en miniatura.

— ¡ Oh, no ! ¿ Quién destruyó mi proyecto ? — exclamó Dora.

" Tengo que volverlo a hacer bien. Tiene que estar listo para mañana ", pensó Dora.
" ¿ Cómo voy a hacer este trapecista ? No tengo más palitos ".

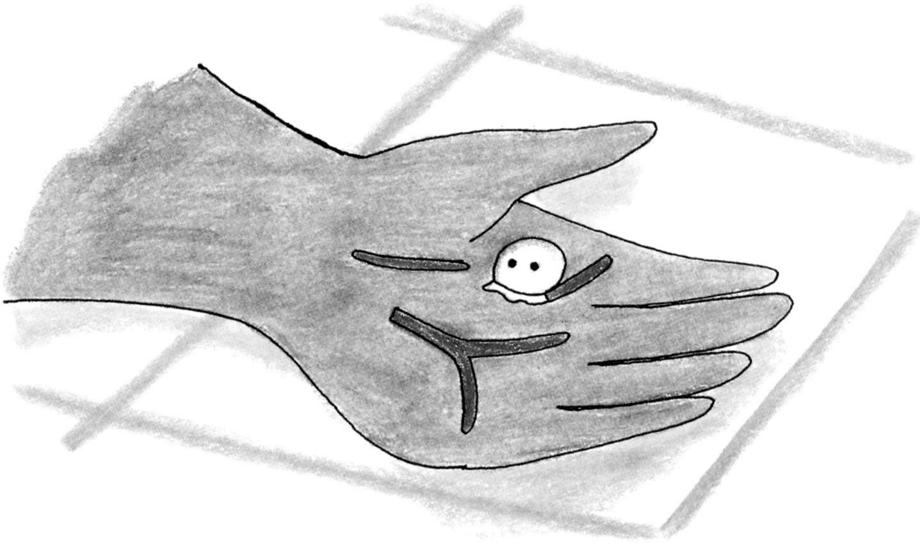

Entonces llegaron Carlos y Omar.

— Dora, por favor, perdóname.
Estaba corriendo detrás de Chico
— dijo Carlos —.
Chico corrió, brincó sobre la mesa
y aplastó tu circo en miniatura.

—Buscamos más palitos,
pero no encontramos más
— dijo Omar —.
Aquí tenemos papel metálico de colores.
Queremos ayudarte a arreglarlo.

— Sí, ayúdenme — dijo Dora —.
Esos papeles metálicos son muy bonitos.
Vamos a empezar.

— No te preocupes, Dora.
Nosotros te ayudamos — dijo Omar.

Carlos y Omar ayudaron a Dora
a arreglar el circo en miniatura.

— ¿Te gusta ahora tu circo?
— preguntó Omar.

— Sí. Está muy bonito — dijo Dora —.
Me gusta cómo brilla el trapecista.

Dora llevó el circo en miniatura a la escuela.

— ¡ Qué maravilla !
— dijo el maestro.